カメラと旅するアイスランド

北欧絶景ガイド

写真・文
南 佐和子
Sawako Minami

風景写真出版

AND ICELAND AGAIN

アイスランドがどれだけ好きか　言い表せない

その美しさをあらわす言葉が　見当たらない

アイスランドは　心を穏やかにしてはくれない

透明な氷　白い雪　暮れない夜　グリーンの光

そして　かつて見たことのない夕焼け色

アイスランドの音と静寂　厳しさとやさしさ

私はそれを愛してやまない

氷河

北極圏のすぐ南に位置するアイスランドは、
国土の約1割が氷河に覆われている。
数万年の時を経て、青色の光だけを透過させるその幻想的な姿は、
どこまでも追いかけたくなるほど美しい。

PENTAX 645Z　FA150-300mm F5.6（150mm）　f22　1/4s　ISO200

火山岩の大地

「火と氷の国」と呼ばれるアイスランドには多数の火山が存在する。
この国土自体、海底山脈の噴火により生まれた火山島だ。
地球のダイナミクスを感じさせる光景があちらこちらで繰り広げられている。

PENTAX 645Z　FA45-85mm F4.5（75mm）　f22　1/15s　ISO200

海岸線

アイスランドはほぼ楕円形をした島国だ。
中央部は火山地帯のため、人口はほぼ海岸線沿いに集中している。
海岸地帯では奇岩や断崖が多く見られ、氷河から大きな氷が海に流出するなど、
他の国では見られない風景の魅力にあふれている。

Canon EOS 5D Mark III　EF16-35mm F2.8（16mm）　f16　2s　ISO200

はじめに

　きっかけは、シンガポール人の友人が見せてくれた一枚の写真だった。彼女が訪れたという海岸に打ち上げられた大きな氷の塊。それは、アイスランドで最も大きな「ヴァトナ氷河」から流れ出たものだという。青味がかったその氷は、溶岩からできた黒砂の上で朝日を浴びてキラキラと光っていた。

　その写真を見た瞬間、すでに私はアイスランドへ行くことを決意していたのだった。“最果て”と言われる場所を訪れるのが好きだった父が、ずっと行きたかったのに行けなかった場所、それがアイスランドだったという記憶も背中を押してくれた。「この海岸へ行かなくては」と強く感じていたが、当時、日本からのツアーではこの場所へは行けないことがわかった。ついにはレンタカーを借りて自力で訪れることを決心したが、なにしろ行先はアイスランド！　撮影のため真冬の北海道ならいつもひとりで運転している私だけれど、外国となると道路事情も違えば、気候も想像以上に違うはず。さすがにひとりでは心細く、ドイツに住む友人に付き合ってもらうことにした。

　ケプラヴィーク国際空港に到着し、早速レンタカー会社へ行ってみると、まずその建物に驚かされた。格安のレンタカーのオフィスはまるで倉庫。用意されたトヨタの四輪駆動車はドアを開けるたびキィキィと音が鳴り、トランクの扉は端がひどく錆びている……本当にこれで大丈夫？　でも、旅にはハプニングがつきもの。さまざな不安が吹き飛ぶほど、初めてふれるアイスランドの自然は「圧倒的に」素晴らしかった。

　アイスランドは「Ring 1」と呼ばれる国道1号線で、海岸線沿いに一周することができる。というよりアイスランドには網の目のような道路網は存在しない。国土面積の11%が氷河で覆われているからだ。中央部（ハイランド）に入る道を走るためにはそれなりの装備の車両が必要だし、冬期はそのほとんどが通行止めになる。

　本書では、Ring 1を巡りながら私がカメラと旅した風景を、レイキャビクから時計回りにご紹介していこうと思う。あの美しい光、凛とした空気感、そして日本にはない想像を超えた自然。観光ガイドブックにはないアイスランドの魅力を感じていただき、実際に訪れてもらえたらと願っている。

南 佐和子

目次

ICELAND Gallery	P2
はじめに	P10
アイスランド全体図	P11

Vesturland　西部地方　P14

① Ytri Tunga（イートゥリ・トゥンガ）　P16
② Búðir（ブーディル）　P18
③ Arnarstapi（アルナルスタービ）　P20
④ Londrangar（ロンドランガル）　P24
⑤ Kirkjufell（キルキュフェットル山）　P26

Norðurland　北部地方　P30

⑥ Hvítserkur（クヴィーツシェルクル）　P32
⑦ Varmahlíð（ヴァールマフリード）　P34
⑧ Akureyri（アークレイリ）　P36
⑨ Goðafoss（ゴーザフォス滝）　P38
⑩ Mývatn（ミーヴァトン湖）　P40
⑪ Hverir（クヴェリル）　P44
⑫ Dettifoss（デティフォス滝）　P46

Austurland　東部地方　P50

⑬ Dettifoss － Egilsstaðir
　（デティフォス滝からエーギルズスタジル）　P52
⑭ Heiðarvatn（ヘイダルヴァトン湖付近）　P54

Suðurland eystra　南東部地方　P58

⑮ Stokksnes から見る Vestrahorn
　（ストックスネスから見るヴェストラホルン）　P60
⑯ Heinabergslón（ヘイナベルグスロン）　P64
⑰ Hotel Smyrlabjörg（ホテル スミルラビヨルグ）　P68
⑱ Hali（ハーリー）　P72
⑲ Vatnajökull（ヴァトナヨークトル氷河）　P74
⑳ Jökulsárlón（ヨークルスアゥルロン）　P78
㉑ Diamond Beach（ダイヤモンドビーチ）　P84
㉒ Fjallsárlón（フィヤルズアゥルロン）　P88
㉓ Fjallsárlón － Vík
　（フィヤルズアゥルロンからヴィークへ）　P92
㉔ Svinafellsjökull（スヴィーナフェルズヨークトル氷河）　P96
㉕ Hörgsá（ホゥルグズアゥ）　P98

Suðurland vestra　南西部地方 ──────── P102

㉖ Vík（ヴィーク）──────── P104

㉗ Reynisfjara（レイニスフィアラ）──────── P106

㉘ Dyrhólaey（ディルホゥラエイ）──────── P108

㉙ Myrdalsjökull（ミルダルスヨークトル氷河）──────── P114

㉚ Skógafoss（スコガフォス滝）──────── P118

㉛ Seljalandsfoss（セリャラントスフォス滝）──────── P122

㉜ Ægissíðufoss（アイギシズフォス滝）──────── P126

㉝ Þingvellir National Park（シングヴェトリル国立公園）─── P130

コラム

点在する教会を見つけよう ──────── P28

忘れられない空の色 ──────── P42

旅行保険と歯痛 ──────── P49

Seyðisfjörður（セイジスフィヨルズル）と
映画「ライフ」──────── P56

南東部で出会った自然 ──────── P66

美しいオーロラを撮る9のコツ ──────── P70

走っても走ってもたどり着けない風景 ──────── P82

トナカイの群れ ──────── P90

砂地でのタイヤスタック ──────── P95

山に寄り添う小さな村 ──────── P100

Guesthouse Vellir（ゲストハウス ヴェトリル）からの
風景 ──────── P112

とっておきのおみやげとグルメ ──────── P121

アイスランド情報

アイスランドへの行き方 ──────── P134

アイスランド国内での移動手段 ──────── P135

アイスランドの通貨と物価について ──────── P135

撮影計画のアドバイス ──────── P136

宿泊先の選び方 ──────── P136

セルフドライブの注意点 ──────── P137

アイスランドの気候と服装 ──────── P138

アイスランドでの撮影アイテム ──────── P140

あとがき ──────── P143

Vesturland

西部地方

レイキャビクの北西部にあるスナイフェルスネス半島。日帰りでも訪れることができ、海外だけでなくアイスランドから観光に訪れる人も多い。半島の先端はスナイフェルスヨークトル国立公園に指定されている。

① Ytri Tunga（イートゥリ・トゥンガ）………… P16

② Búðir（ブーディル）………………………… P18

③ Arnarstapi（アルナルスタービ）…………… P20

④ Londrangar（ロンドランガル）……………… P24

⑤ Kirkjufell（キルキュフェットル山）………… P26

周辺情報アイコンの見方

🚗…駐車場あり

🏨…ホテルあり

☕…カフェあり

🍽…レストランあり

🚽…トイレあり

⛽…ガソリンスタンドあり

🏪…売店あり

① Ytri Tunga

イートゥリ・トゥンガ

> おすすめ度：★★★★☆
> おすすめの季節：通年
> 滞在時間の目安：1h
> 周辺情報：🚗

首都レイキャビク（Reykjavík）からスナイフェルスネス半島（Snæfellsnes Penninsula）へ向かう時、最初に立ち寄る撮影地。レイキャビクから1号線を北上して半島を回る時の最初の大きな分岐点、ボルガルネス（Borgarnes）からアルナルスタービ（Arnarstapi）（→ P20）の途中にあり、アザラシのコロニーとなっている。生き物たちを驚かさないように望遠レンズで撮りたい。できれば400mmの望遠レンズが欲しいところだ。晴れていればスナイフェルスヨークトル氷河（Snæfellsjökull）を背景に岩場のアザラシや水鳥を撮ることができる。

P17　PENTAX 645Z　FA150-300mm F5.6（260mm）　f5.6　1/400s　ISO200

② Búðir

ブーディル

> おすすめ度：★★★★★
> おすすめの季節：通年
> 滞在時間の目安：1h
> 周辺情報：🚗 🏛

イートゥリ・トゥンガ（Ytri Tunga）（→P16）から54号線を西へ15分ほどドライブすると海岸線の方へ出る分かれ道がある。そこを左折してさらに海方面へと左折すると屋根も壁も真っ黒な教会が見えてくる。教会の周辺は溶岩原野になっており、灌木や苔で覆われた丘は秋になると紅葉し、岩を這う植物は小さな実をつける。
早朝の雨の中を撮影して戻ってくると、教会近くのホテル（Hótel Búðir）に灯りがともり、朝食の準備が行われていた。温かみのある美しいダイニングで食事をしたい衝動に駆られた。

P19　Canon EOS 5D Mark IV　EF70-200mmF4（93mm）　f16　1/80s　ISO800

原野に佇む黒い教会

③Arnarstapi

アルナルスターピ

> おすすめ度：★★★★☆
> おすすめの季節：通年
> 滞在時間の目安：2h
> 周辺情報：🚗🏨☕🍴🛏⛽

スナイフェルスネス半島（Snæfellsnes Penninsula）の東端に位置するスナイフェルスヨークトル国立公園（Snæfellsjökull National Park）では、面白い形の岸壁が多く見られる。特に「穴の開いた岩」という意味を持つガートクレットゥル（Gatklettur）（→P22）では波が寄せる瞬間を捉えると迫力ある写真が撮れるだろう。海岸線沿いの遊歩道では水鳥が岩の隙間にびっしりと止まっている姿が見られる。勾配もないので楽に歩けるはずだ。

15分ほど海沿いに歩いていくと、ヘトルナル（Hellnar）という美しい村や小さな漁港（ポート・アルナルスターピ）がある。ヘトルナルのレストランでは美味しいシーフードが食べられる。

P21　Canon EOS 5D Mark III　EF24-70mmF2.8（70mm）　f16　1/100s　ISO400

P22　Canon EOS 5D Mark IV　EF16-35mm F2.8（29mm）　f16　0.5s　ISO200

P23　Canon EOS 5D Mark IV　EF70-200mm F4（81mm）　f20　1/5s　ISO200

ポート・アルナルスターピの風景

④Londrangar

ロンドランガル

おすすめ度：★★★★★
おすすめの季節：通年
滞在時間の目安：1h
周辺情報：🚗

アルナルスターピ（Arnarstapi）（→ P20）は朝日を撮るのに向いているが、夕陽を撮るならば 10 分ほど西へドライブしてロンドランガルへ行くと西向きで迫力ある岩礁と夕日を撮ることができる。展望台から見渡す海と奇岩群は実に魅力的で、海岸線沿いに遊歩道があって楽に散策できる。風が強い時があるので岩に登って撮影するときには注意が必要だ。

P25　Canon EOS 5D Mark IV　EF24-70mm F2.8（24mm）　f16　1/4s　ISO200

⑤ Kirkjufell

キルキュフェットル山

> おすすめ度：★★★★★
> おすすめの季節：通年
> 滞在時間の目安：1h
> 周辺情報：🚗

キルキュフェットル山は標高463m。首都レイキャビクから日帰りで訪れることができる。キルキュフェットル滝（Kirkjufellsfoss）の駐車場から遊歩道を2、3分歩くとこの滝が見えてくる。周辺の道路沿いにはアイスランドらしい景観が広がり、馬や羊が放牧されている。海に向かってキルキュフェットル山を撮ると山の形が違って見える。ここでも水鳥や動物を入れて撮ることができる。

オーロラ撮影スポットとしても有名で、白夜に近い夏期を除いて夜の時間がある9月〜3月ごろまで幻想的なオーロラを撮ることができる。

（＊コラム「美しいオーロラを撮る9のコツ」→P70）

P27　Canon EOS 5D Mark IV　EF16-35mm F2.8（17mm）　f16　0.8s　ISO200

別角度からのキルキュフェットル山

点在する教会を
見つけよう

キルキュフェットル山のあるグルンダルフィヨルズル（Grundarfjörður）の撮影を終え、東に向かってごつごつした海岸線をドライブしていたら、海側の岩礁の間から赤い屋根の教会が見えた。アイスランドの教会は本当に何もない最果てのような所にぽつんと立っていることが多く、それがとても印象的だ。道を進んでいくと、この教会は広大な牧草地の中に立っていることがわかった。

教会の向こうに広がるアイスランド北部の海は、とても深い青色をしている。南部の、氷河の氷が流れ込むターコイズブルーがかった海の色とは異なってまた味わい深い。国道1号線沿いには他にも絵になる教会がいくつも存在する。そんな被写体を探しながらのドライブも、旅の楽しみのひとつだ。

P29 Canon EOS 5D Mark III EF70-200mm F4（155mm） f22 1/200s ISO200

Norðurland

北部地方

北部の中心地、アークレイリを目指して1号線を時計回りに進んで行く。西部からは距離があるので、いくつかの見どころを中継しながら北極圏近くの厳しい自然風景を楽しみたい。

⑥ Hvítserkur（クヴィーツシェルクル）………………… P32

⑦ Varmahlíð（ヴァールマフリード）………………… P34

⑧ Akureyri（アークレイリ）………………………… P36

⑨ Goðafoss（ゴーザフォス滝）……………………… P38

⑩ Mývatn（ミーヴァトン湖）………………………… P40

⑪ Hverir（クヴェリル）……………………………… P44

⑫ Dettifoss（デティフォス滝）……………………… P46

周辺情報アイコンの見方

🚗…駐車場あり

🏨…ホテルあり

☕…カフェあり

🍽…レストランあり

🚻…トイレあり

⛽…ガソリンスタンドあり

🏪…売店あり

⑥Hvítserkur

クヴィーツシェルクル

おすすめ度：★★★★★
おすすめの季節：通年
滞在時間の目安：1h
周辺情報：🚗☕🛏

恐竜が水を飲んでいるかのような形の岩で有名な海岸。国道1号線を外れ、北上すること30km。30分ほどドライブすると駐車場に着く。右の写真は20メートルほどの岸壁を降りた砂浜からの撮影。5月末だったのでトレッキングシューズで楽に降りることができたが冬はアイゼンが必要だろう。干潮の時は岩の真下まで歩けるらしい。水面に岩が映り込む姿を思い描いて訪れたが、この時は風があったため手持ちのNDフィルターやPLフィルターをすべてレンズに付けて光量を落とし、長秒のシャッタースピードで撮影した。
この岩は駐車場からすぐの場所から眺めることができる。海岸線と遠くの山々の見晴らす絶景との取り合わせも素敵だ。

P33　PENTAX 645Z　FA45-85mm F4.5（60mm）　f25　4s　ISO100

駐車場のそばから眺める海岸線

⑦Varmahlið

ヴァールマフリード

> おすすめ度：★★★☆☆
> おすすめの季節：通年
> 滞在時間の目安：0.5h
> 周辺情報：🏠

グルンダルフィヨルズル（Grundalfjördur）から1号線を時計回りに進み、北部の湖ミーヴァトン（Mývatn → P40）を目指す。ノンストップで運転すると約6時間なのだが、海岸線沿いの景色の良さそうな中継地として選んだのがここヴァールマフリードだ。この辺りでは川が微妙に曲がりくねって交差する美しい景観が見られる。馬や羊の放牧された風景にほっとした気持ちになる。アイスランドでも数少ない、のんびりできる雰囲気の場所だ。

小さな町から5分ほど離れた「Syðra Skörðugil Guesthouse」（スィズラ スコォルズギル ゲストハウス）は比較的安いのにこぎれいで露天風呂もあり、リラックスできる宿だ。人なつこいオーナーの飼い犬も、慣れないドライブに疲れた心を癒やしてくれる。

P35　PENTAX 645Z　FA80-160mm F4.5（100mm）　f22　1/13s　ISO200

⑧Akureyri

アークレイリ

おすすめ度：★★★☆☆
おすすめの季節：通年
滞在時間の目安：0.5h
周辺情報：🚗🏨📮🍴☕⛽

レイキャビクに次ぐアイスランド第2の都市、アークレイリ。町にはお店やレストランも多く、北部を観光する拠点となっている。高台から見渡す町は精緻で整っており、まるでゲーム「SimCity」のよう。よく見るとひとつひとつが北欧風のかわいらしい建物である。停泊している白く大きな船はデンマーク船籍で、アイスランドに食料を運んでいるらしい。国内では農産物がほとんど得られないアイスランドは、隣国から輸入する必要があるのだ。また、ヨーロッパの悠々自適の人たちはデンマーク経由でカーフェリーに乗ってアイスランドを訪れる。何ともうらやましい話だ。

P37　Canon EOS 5D Mark III　EF70-200mm F4（97mm）　f16　1/100s　ISO200

⑨ Goðafoss

ゴーザフォス滝

> おすすめ度：★★★★★
> おすすめの季節：通年
> 滞在時間の目安：1.5h
> 周辺情報：🚗🏨☕🍴

アイスランド語で「神の滝」という名前を持ち、幅30メートル、高さは12メートルある。水量も多い。馬蹄形をしており、滝に向かって右（左岸）と左（右岸）では車を停める場所が異なる。駐車場と近い左岸は便利だが、スケール感としては右岸の方がおすすめ。轟音を立てて落ちる瀑布の前に突き出た岩があり、その上に立つことができるが、ロープも柵もないので少しでも風がある時は危険。風向き次第だが水しぶきにも気をつけよう。遊歩道から滝に流れ込む川の激流を見ることもでき、迫力満点だ。私は行ったことはないが、滝壺の方へ降りる道もあるようだ。

P39　Canon EOS 5D Mark III　EF16-35mm F2.8（21mm）　f16　1/80s　ISO800

左岸からのゴーザフォス滝

⑩ Mývatn

ミーヴァトン湖

> おすすめ度：★★★★★
> おすすめの季節：通年
> 滞在時間の目安：2h
> 周辺情報：🚗🏛☕🍴

ミーヴァトン湖はアイスランド北部にある火山湖。湖面には無数の島が浮かび、その形はまるでプリンのように平らで印象的だ。この湖は2,000年以上前、火山の噴火活動の時に溶岩が湿地帯に流れ込み、大きな水蒸気爆発を起こして形成されたと言われている。アイスランド語で「蚊の湖」を意味する名前だけあり、湖畔をハイキングするとユスリ蚊の大群に出会う。口の中に入ってきそうな勢いなので、虫に弱い人はネット付きの帽子などあると良いと思う。

P41　Canon EOS 5D Mark III　EF24-70mm F2.8（35mm）　f16　1/50s　ISO200

毎年5月上旬には子ヒツジが生まれる

忘れられない空の色

ミーヴァトン湖の北東部の Vogar（ヴォーガル）にあるユースホステル
に泊まった時のこと。夜 10 時過ぎにシャワーを浴びて窓の外を何気な
く見ると、空がピンクオレンジに染まっているのに気付いた。急いでパ
ジャマの上にオーバーパンツを履き、車に飛び乗って湖の外周道路まで
出ると、薔薇の形をした大きなピンク色の雲がぽっかりと浮かんでい
る。その雲は刻一刻と姿を変え、最後にはスペースシャトルのような形
になって次第に色を失っていった。車で湖の反対側（北側）まで移動し、
オレンジ色に染まった湖面を背景に牧場を撮った。羊と一緒に写し止め
ようと高感度での撮影。かつて見たことのない鮮烈な色の夕焼けだった。
どうしてあんなに美しい色になるのだろう。初めて見る色だった。
ちなみに、フォーガーから 848 号線を 5.4km 南に下った Höfði（ホブジー）
からは、湖畔をトレッキングすることができる。ここにはアイスランド
ではほとんど見ることのできない森があり、私が行った時には、木の香
りか花の香か未だにわからないが、不思議な甘い香りに包まれていた。
P43　Canon EOS 5D Mark III　EF24-70mm F2.8（41mm）　f16　1s　ISO1200

⑪ Hverir

クヴェリル

> おすすめ度：★★★☆☆
> おすすめの季節：通年
> 滞在時間の目安：1h
> 周辺情報：🚗

ミーヴァトン湖（Mývatn → P40）からレイキャフリーズ（Reykjahlið）を通って東に向かうと次第に硫黄の匂いがしてくる。日本人にとっては親しみのある、海外で嗅ぐとほとんど"なつかしい"温泉の匂い。駐車場は広く観光客の姿も多い。箱根の大涌谷や北海道の硫黄山のようにあちらこちらで泥の池からボコボコと気泡が出る地熱エリアではアイスランドにおける火山活動のパワーを感じることができる。地面は黄土色で、間欠泉でできた水溜まりは薄い水色がかっていて美しい。すぐ傍らにそびえる泥の山，ナウマフィヤットル山（Mt.Námafjall）には散策路が付いており、眼下を俯瞰して撮影することもできる。

P45　Canon EOS 5D Mark III　EF24-70mm F2.8（39mm）　f16　1/250s　ISO400

水蒸気立ち昇る地熱エリア

⑫Dettifoss

デティフォス滝

> おすすめ度：★★★★★
> おすすめの季節：通年
> 滞在時間の目安：1.5h
> 周辺情報：🚗 🍴

北部アイスランドでゴーザフォス滝（Goðafoss →P38）と並んで壮大なスケールを誇るデティフォス滝。そのスケールは幅100メートル、落差は44メートルにも及ぶ。水量の多さと轟音には驚くばかりだ。私が訪れた時には通行止めがあって左岸（滝に向かって右側、つまり西側）からしか滝を眺められなかったが、おかげで切り立った渓谷までつながる滝のスケール感を感じることができた。左岸の展望台と滝沿いの遊歩道までは、駐車場から歩いて15分ほどかかるが歩きやすい道だ。途中に柱状節理でできた丘があり、荒涼とした景色が広がっている（→P48）。ちなみに右岸からの景色は、SF映画「プロメテウス」の有名な冒頭シーンにも登場する。いつか水しぶきを浴びながら撮ってみたい。

P47 Canon EOS 5D Mark III EF24-70mm F2.8（24mm） f22 1/15s ISO200

P48 Canon EOS 5D Mark III EF24-70mm F2.8（50mm） f11 1/50s ISO400

旅行保険と歯痛

アイスランドで起こった忘れられないトラブルが、歯の痛み。以前から奥歯の痛みに悩まされていたのだが、「知覚過敏」との誤診で治療が遅れ、虫歯が判明したのは渡航の直前。一応治療は終了していたのだが、アイスランドに向かう途中に立ち寄ったドイツで、また奥歯が痛み出した。嫌な予感がして町の薬局で強めの鎮痛剤を買って行ったのだが、アイスランドに到着する頃には、私の奥歯は激痛を伴っていた。友人に話しかけられても「ちょっと待って、今ガマンしてるから」と断るほどの痛みだった。しかしアイスランドまで来て痛みに耐えているだけでは何のために来たのかわからない。まるで中毒患者のように鎮痛剤を飲みながら撮影を続けた。現地で歯科医院に行くことも考えたが、ヴァイキングを祖先に持つアイスランド人の歯科医って……と治療について妄想し、その勇気は出なかった。何より決定的だったのが「歯科治療費を旅行保険がカバーしない」という事実だった。この本を読んで下さる方で、海外で撮影を考えている方は、歯の治療とメンテナンスを十分に完了させてから出発することをぜひおすすめしたい。

Austurland

東部地方

東部は人口が少なく、入り組んだフィヨルドの
奥に家々が点在している。
スケールの大きな絶景は少ないが、荒野の向こ
うに氷河や山が見える風景は大きな魅力。

周辺情報アイコンの見方

🚗 …駐車場あり

🏨 …ホテルあり

☕ …カフェあり

🍽 …レストランあり

🚽 …トイレあり

⛽ …ガソリンスタンドあり

🏬 …売店あり

---

⑬ Dettifoss － Egilsstaðir（デティフォス滝からエーギルズスタジル）…… P52

⑭ Heiðarvatn（ヘイダルヴァトン湖付近）……………………………… P54

⑬ Dettifoss–Egilsstaðir

デティフォス滝からエーギルズスタジル

> おすすめ度：★★★☆☆
> おすすめの季節：通年
> 滞在時間の目安：0.5h

デティフォス滝から東部の中心地エーギルズスタジルまで3時間（187km）のドライブの間は月面のような風景が続く。アイスランドの国道1号線は2車線で黄色い杭が両側にあるだけ。でも、この黄色い杭の道路が自動車のコマーシャルなどに登場すると「あっアイスランドだ！」とうれしくなる。どんよりとした雲が立ち込める中に現れるクレーターのような山の景観にはおとろおとろしさもあり、日本の風景にはない新鮮さがある。シンプルな景色はあまり天気が良くないほうが写真になりやすいかもしれない。

P53　Canon EOS 5D Mark III　EF70-200mm F4（200mm）　f16　1/50s　ISO200

⑭Heiðarvatn

ヘイダルヴァトン湖付近

> おすすめ度：★★★☆☆
> おすすめの季節：通年
> 滞在時間の目安：1h

エーギルズスタジル（Egilsstaðir）にほど近い東部フィヨルドのセイジスフィヨルズル（Seyðisfiörður）に向かう途中の高地は、5月の末だというのに国道の両側に雪が残っていた。特に左手に見えるヘイダルヴァトン湖（Heiðarvatn）は凍っている部分と解けた水色の水、黒い地面が織りなすストライプが幾何学模様を作っていた。冬期はこの辺りは雪深く通行止めになることもある。その時のためにフィヨルドに住む住民たちは食料を蓄えて孤立をいとわず生活している。

P55　Canon EOS 5D Mark III　EF70-200mm F4（70mm）　f16　1/160s　ISO200

Seyðisfiörður （セイジスフィヨルズル）と
映画「ライフ」

初めてのアイスランドでの撮影を計画した時、アイスランド航空の担当者に相談し紹介されたのが、ここ東部フィヨルドのセイジスフィヨルズルだった。その時おすすめされたのが、ベン・スティラー主演の映画「ライフ」（2013 年製作）。LIFE 社の写真管理部門のトムがカメラマンのショーンの行方を追ってグリーンランド、アイスランド、そしてチベットを旅するストーリーなのだが、ニューヨーク以外のほとんどのシーンはアイスランドで撮影されている。特に圧巻なのが、スケートボードで曲がりくねる国道を疾走するシーン。ここセイジスフィヨルズルへと降りていく途中で撮影されたものだ。

この東部フィヨルドの小さな町は、とてもかわいらしい。スカンジナビア風の家の裏庭が険しい岩山に面していて、そこに滝が流れ落ちていたのには驚いた。こじんまりとした町なので散策するのも楽しいし、レストランでは美味しいシーフードが味わえる。

P57　Canon EOS 5D Mark III　EF24-70mm F2.8（50mm）　f16　1/100s　ISO200

Suðurland eystra

南東部地方

アイスランド最大の氷河、ヴァトナヨークトル
氷河（Vatnajökull）を擁する南東部。氷河を体
感できるツアーも多く用意されている。特にホ
プン（Höfn）よりも東側の地域は、観光ガイド
ではほとんど紹介されていない知られざる地。

⑮ Stokksnes から見る Vestrahorn（ストックスネスから見るヴェストラホルン）⋯⋯ P60
⑯ Heinabergslón（ヘイナベルグスロン）⋯⋯ P64
⑰ Hotel Smyrlabjörg（ホテル スミルラビヨルグ）⋯⋯ P68
⑱ Hali（ハーリー）⋯⋯ P72
⑲ Vatnajökull（ヴァトナヨークトル氷河）⋯⋯ P74
⑳ Jökulsárlón（ヨークルスアゥルロン）⋯⋯ P78
㉑ Diamond Beach（ダイヤモンドビーチ）⋯⋯ P84
㉒ Fjallsárlón（フィヤルズアゥルロン）⋯⋯ P88
㉓ Fjallsárlón ― Vík（フィヤルズアゥルロンからヴィークへ）⋯⋯ P92
㉔ Svínafellsjökull（スヴィーナフェルズヨークトル氷河）⋯⋯ P96
㉕ Hörgsá（ホゥルグズアゥ）⋯⋯ P98

周辺情報アイコンの見方

🚗 …駐車場あり

🏨 …ホテルあり

☕ …カフェあり

🍽 …レストランあり

🚽 …トイレあり

⛽ …ガソリンスタンドあり

🏬 …売店あり

⑮ Stokksnesから見るVestrahorn

ストックスネスから見るヴェストラホルン

> おすすめ度：★★★★★
> おすすめの季節：通年
> 滞在時間の目安：2h
> 周辺情報：🚗☕🍴

ヴェストラホルンは東部フィヨルドの南端に位置しており、ギザギザした山容は奇怪だ。アクセスしづらいためか日本ではあまり紹介されていない。撮影場所は私有地のためストックスネス（Stokksnes）の入口にある「ヴァイキング・カフェ（VIKING CAFÉ）」で800ISK（約800円）の入場料を払う必要があるが、再建されたヴァイキングホーム（伝統的な建物）も見学できる。

ヴァイキングカフェから岬方面への道は未舗装で砂地を固めたもの。途中の駐車スペースあたりは路肩がゆるいので景観に見とれてハンドルをビーチの方へ切ると砂にはまるので要注意（＊コラム「砂地でのタイヤスタック」→P95）。オーロラの撮影地でもあるのでいつかまた訪れてみたい。

P61　Canon EOS 5D Mark IV　EF24-70mm F2.8（44mm）　f18　1/13s　ISO400

P62　Canon EOS 5D Mark III　EF24-70mm F2.8（70mm）　f11　1/100s　ISO200

P63　Canon EOS 5D Mark III　EF70-200mm F4（97mm）　f16　1/60s　ISO400

⑯Heinabergslón

ヘイナベルグスロン

おすすめ度：★★★☆☆
おすすめの季節：4月〜10月
滞在時間の目安：1h
周辺情報：🚗

南東部唯一の港町ホプン（Höfn）から1号線を西へ30分ほど走ると、右前方の遠くにフラウワヨークトル氷河（Fláajökull）が見えてくる。ここでダート道を右折して10分ほど北へ進むと、こちんまりとした氷河湖がある。四輪駆動車でないと厳しい道なのだが、この時には駐車場に何台か車がとまっていた。小さな氷河湖のため、対岸の氷河や山が近くに見えて撮影しやすく、水際まで降りての撮影も可能だ。この日はかなりの雨だったが、霞む氷河もムードがあった。厳冬期は湖が凍ってしまい、写真にはしづらい。

P65　Canon EOS 5D Mark IV　EF70-200mm F4（169mm）　f16　1/100s　ISO200

南東部で出会った自然

アイスランド南東部は、私にとって最も思い出深い場所である。3月の初め、ホテル スミルラビヨルグ（Hotel Smyrlabjörg → P68）からヨークルスアウルロン（Jökulsárlon → P78）へ向かう朝のことだった。途中、ふと振り返るとホブン（Höfn）方面の空があきれるくらいに染まっていた。強烈なオレンジ＋ピーチ＋ゴールドの空、朝焼けが映り込む海。急いで撮影したが、この時デジタルカメラの背面液晶の画面の色は完全に追いついていなかった。

海側の牧場には、アイスランドの在来の馬が多く放牧されている。北海道の道産子馬を少しごつくさせて、たてがみを長くしたような姿だ。ヴァイキングによってアイスランドにこの馬が持ち込まれて以降、他種の馬と交配することなく大切にされてきたという。吹雪で風が吹きすさむ中、風下に向かって並びじっと耐えて立ちつくす姿は印象的で、思わず車から降りて撮影した。性格もなかなか人なつっこく、ヨーロッパに輸出されているそうだ。もし私がヨーロッパの大金持ちだったら、ぜひ飼うのにと思うほど魅せられてしまった。

左　Canon EOS 5D Mark III　EF70-200mm F2.8（175mm）　f16　1/160s　ISO1600
右　Canon EOS 5D Mark III　EF70-200mm F2.8（200mm）　f2.8　0.8s　ISO200

⑰ Hotel Smyrlabjörg

ホテル スミルラビヨルグ

おすすめ度：★★★★☆
おすすめの季節：通年
滞在時間の目安：1h
周辺情報：🚗 🏨 🍴

ヨーロッパ最大のヴァトナヨークトル氷河（Vatnajökull）（→ P74）やヨークルスアゥルロン（Jökulsárlón → P78）にほど近い 1 号線沿いには、いくつかのホテルが点在している。そのうちのひとつ、ホテル スミルラビヨルグでは何度かオーロラと出会うことができた。最初に訪問した時にホテルの窓からグリーンのオーロラが舞うのを見てしまったので、雲さえなければオーロラは出るものと考えていたが、甘かったようだ。次の滞在では最終日の夜中 1 時半頃にようやく薄いグリーンのリボンがたなびいた。ヨークルスアゥルロンまで 40 分車を走らせれば湖面に映るオーロラが撮れるかも知れない。でもその間にオーロラは弱まってしまう可能性がある。結局ホテルの前の海側で撮ることに決めた。結果として、予想は的中した。撮影し始めてしばらくのあいだ変幻自在に踊っていたオーロラは 1 時間ほどたつと徐々に弱まっていった。

P69　Canon EOS 5D Mark IV　EF16-35mm F2.8（20mm）　f2.8　10s　ISO3200

美しいオーロラを撮る9のコツ

アイスランドといえばオーロラ。どうやって撮るの？　と尋ねられることも多いので、オーロラを撮る時の一般的で簡単なコツを記しておく。本格的な撮影技法については星の撮影とともにさまざまなテキストが出版されているので、参考程度に読んでいただけたらと思う。

コツ1　できるだけ街から離れた光害のないところで撮影しよう。星撮影と同じできれいに撮れる。

コツ2　撮影モードはM（マニュアル）で。オーロラの明るさは均一ではなく、部分的にとても明るい時があるので、撮ったらすぐに確認し、白飛びしないシャッタースピードとISO感度を決めよう。

コツ3　三脚を使う。なぜなら、2秒～15秒ほどのシャッタースピードが必要だから。オーロラ爆発の時や、動きが速い時はできるだけ早いシャッタースピードで撮ったほうが動きのある写真が撮れる。うっすらとして動きがにぶい時は、長めのシャッタースピードで撮るとオーロラがはっきり写る。長秒時ノイズリダクションはOFFに。

コツ4　ISO感度は1600から3200。最近のカメラは高感度に強いので、カメラによっては6400まで上げられるかもしれない。絞りは開放で撮ろう。ホワイトバランスは好みにもよるが私は3600K（ケルビン）から4200Kぐらいに設定している。

コツ5　ストロボは使わない。

コツ6　ピントは無限大にセット。マスキングテープや養生テープでピントリングを固定しておく。遠くに街灯りが見える場所だったら、その灯りにピントを合わせるのが簡単だ。近くに前景がある時には、この方法だとぼけてしまうのでLEDライトを当てて前景にピントを合わせる必要がある。

コツ7　シャッターを切るのにはリモートスイッチを使うか、2秒タイマーで撮ろう。

コツ8　寒いところはバッテリーの消費が早い。フル充電した予備バッテリーを上着のポケットに入れて温かく保とう。

コツ9　最後に、撮影者本人も暖かく着込んで手袋も外さずにカメラを設定できるものを着用しよう。

オーロラ出現率は気象庁のHPをチェック！

アイスランド気象庁のHPでは、オーロラの出現確率をチェックできる。手順は以下の通り。
① https://en.vedur.is/ にアクセス。
②右上の国旗をクリックし、アイスランド語から英語表記に変更。
③３つ並んだ地図のうち、左の地図をクリック。
④左端のメニューのかなり下方の「Aurora forecast」をクリック。
⑤ページの右上にオーロラ出現率が表示される。「3　Moderate」あたりから可能性がある。

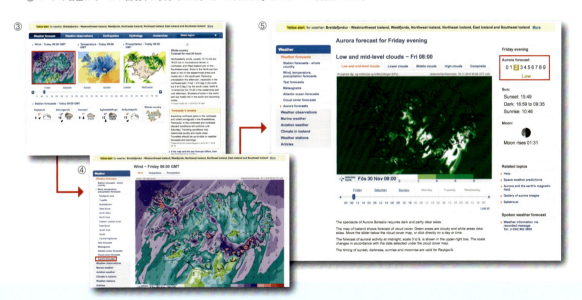

⑱Hali

ハーリー

| おすすめ度：★★★☆☆ |
| おすすめの季節：通年 |
| 滞在時間の目安：1h |
| 周辺情報：🚗 🏨 🍽 |

ホテル スミルラビヨルグ（Hotel Smyrlabjörg → P68）とヨークルスアゥルロン（Jökulsárlón → P78）の中間地点にある小さな村、ハーリー。ここはヨークルスアゥルロンやダイヤモンドビーチ（→ P84）へも車で15分ほどとロケーションが良いのだが、3つしかないホテルはどこも早くから予約が入っている。周辺の牧場では5月第1週に生まれる子ヒツジが母ヒツジの周りをピョンピョン飛ぶように歩く愛らしい姿を撮ることができる。ヒツジはとても警戒心が強いのでいきなりカメラを持って近寄るといっせいに逃げてしまうので注意が必要だ。6月は朝霧が出る日も多い。牧場に霧のかかるシーンも撮ってみたい。

P73　PENTAX 645Z　FA150-300mm F5.6（150mm）　f9　1/1250s　ISO400

子ヒツジの姿が見られるのはこの時期のみ

⑲Vatnajökull

ヴァトナヨークトル氷河

> おすすめ度：★★★★★
> おすすめの季節：11月〜3月上旬
> 滞在時間の目安：1h

国土の8%を覆うヨーロッパ最大の氷河、ヴァトナヨークトル。周辺のアイスケイブ（氷の洞窟）では氷河の氷が地熱で解けては流れ、また凍り、を繰り返すことによりおもしろい表層を作り出す。何世紀もの時間をかけて雪が圧縮されてできた氷は気泡を含まず透明度が高いため、太陽光の中の青色のみを透過させる。日の差した洞窟内は「スーパーブルー」と呼ばれる青い光に満ちて幻想的な景観となる。アイスケイブができる場所は毎年変わる。また氷がしっかりしていないと崩落するので毎年11月〜3月半ば頃にしか入れない。認定ガイドのツアーならヘルメットやアイゼンを貸し出してくれ安全に入れる。近年は人気沸騰しているのでウィークデーや午前中など人が少なそうな日に行きたい。

P75　Canon EOS 5D Mark III　EF16-35mm F2.8（16mm）　f16　1/6　ISO400

P76　Canon EOS 5D Mark III　EF16-35mm F2.8（16mm）　f16　1s　ISO400

P77　Canon EOS 5D Mark III　EF24-70mm F2.8（28mm）　f16　1/80　ISO200

アイスケイブへ行くにはツアーに申し込む必要がある。参加費は約200ドル。乗用車では走れない月面のような地面もガイドしてくれる。

* Glacier Adventure（https://glacieradventure.is/tour/ice-cave-adventure/）
　ハーリー・カントリーホテルから出発。
* Extreme Iceland（https://www.extremeiceland.is/）、Guide to Iceland（https://guidetoiceland.is/ja）
　ヨークルスアゥルロンのカフェから出発。

⑳Jökulsárlón

ヨークルスアゥルロン

おすすめ度：★★★★★
おすすめの季節：通年
滞在時間の目安：2h
周辺情報：🚗☕🍜🚻

「氷河湖」を意味するヨークルスアゥルロン。ヴァトナヨークトル氷河（Vatnajökull → P74）から流れ込んだ氷が湖に浮かぶ様子は何度見ても壮大なスケールだ。広い駐車場に車を停めて高台に上がると地球の歴史を感じる景色に出会える。夏期は水陸両用車で湖に入るツアーやスピードボートで湖上から風景を楽しむツアーもあり、運が良ければアザラシを見ることもできる。氷河湖は川を経て、北大西洋に流れ込んでいる。大きな水色の氷が意外に速い流れに乗って海へと進む様子は、想像を絶するダイナミックな光景だ。また冬でも凍らないので、湖面に映り込むオーロラが撮れる撮影地としても有名だ。駐車場は広いが、アイスランドを代表する観光地だけあって世界中からの観光客の車で常にいっぱいだ。ボートツアーはこのカフェで申し込むか、インターネットで申し込める。（P135「現地発のツアーで回る」参照）。

P79　Canon EOS 5D Mark IV　EF16-35mm F2.8（28mm）　f18　3.2　ISO200

P80　Canon EOS 5D Mark IV　EF70-200mm F4（169mm）　f16　1/8　ISO200

P81　Canon EOS 5D Mark IV　EF70-200mm F4（160mm）　f16　1/40　ISO400

走っても走っても
たどり着けない風景

南東部で唯一の町ホプン（Höfn）からヨークルスアゥルロン（Jökulsárlón → P78）方面に海岸沿いの道を車で走っていると、山側に薄青い氷河が何度も見えてくる。たとえ霧の中でも、そのターコイズブルーは目に入ってきて、もう少し近くで見てみたいと思い、思わず1号線を外れ内陸へ向かう道に入った。ところが肉眼ではすぐそこに見えているのに、いくら走ってもたどり着かない。だんだん道がなくなってきて四駆でもやっとの地面になったのであきらめて車を降りてみた。すると、溶岩台地の足元にも水溜まりがあり、美しい水色をしている。

アイスランドは空気が澄み切っているので、近くに見える景色でも実際に走ってみると意外に遠いことがよくある。そして、後からわかったのだが、あの氷河に到達するためにはジープかそれ以上のタイヤが特大で車高の高い"スーパートラック"と呼ばれる車が必要なのだった。

P83 Canon EOS 5D Mark III EF70-200mm F2.8（88mm） f16 1/100s ISO400

㉑ Diamond Beach

ダイヤモンドビーチ

ヨークルスアゥルロン（Jökulsárlón → P82）から流れ出た氷は北大西洋の荒波によってこの海岸に打ち上げられる。限りなく透明で青味がかった氷塊は、荒波に運ばれる間に表面全体に美しいカットが入る。このビーチの情景をより印象的にしているのが砂の色だ。溶岩から生まれた細かい黒砂は「ブラックサンド」と呼ばれ、この黒砂と打ち上げられた氷とのコントラストがとても美しい。季節や風向きにより、川の左岸と右岸で状況が変わるので太陽の位置も含め両岸をチェックすることをお勧めする。時々予想も付かない波が来るため、長靴と予備のソックスがあると良い。

P85　Canon EOS 5D Mark III　EF16-35mm F2.8（16mm）　f16　0.6s　ISO200

P86　Canon EOS 5D Mark IV　EF16-35mm F2.8（18mm）　f16　1/15s　ISO500

P87　EOS 5D Mark III　EF24-70mm F2.8（24mm）　f16　1/4s　ISO200

おすすめ度：★★★★★
おすすめの季節：通年
滞在時間の目安：2h
周辺情報：🚗

㉒ Fjallsárlón

フィヤルズアゥルロン

おすすめ度：★★★★★
おすすめの季節：4月〜10月
滞在時間の目安：1.5h
周辺情報：🚗 🍴 ⚓

ヨークルスアゥルロン（Jökulsárlón → P78）から西へ10分ほどドライブすると右手にフィヤルズアゥルロンという小さな氷河湖がある。最近まではほとんど知られていなかった場所で、ヨークルスアゥルロンに比べて人も少なく、ゆっくり撮影できる。入口の案内板は小さくて見逃しやすいので気を付けて。私が5月末に訪問した時は小雨が降り続き霧も出ていたが、そんな雰囲気も素敵だ。11月に再訪問した時は完全結氷して水面が見えなかった。氷が浮いている様子を撮影するのなら夏期の方がいいだろう。小さな船でのボートツアーで、アザラシのそばにも寄れるらしい。落ち着いて撮影ができ、湖の向こうにある氷河も近くに見える。

P89　PENTAX 645Z　FA150-300mm F5.6（300mm）　f16　1/200s　ISO400

トナカイの群れ

ヨークルスアゥルロン（Jökulsárlón → P78）にかかる橋から東へ車を走らせていると、トナカイの群れに出会った。道路わきの駐車スペースを見つけて車を停めた。このあたりでは車が高速で飛ばしてくるので駐停車には細心の注意が必要だ。片側1車線の2車線道路で通常は時速80kmほどのところを時速100km超で走る車がいるのには驚いた。たまに警察が取り締まっている。トナカイたちは小さな水溜まりをめがけて移動していく。私も路肩を静かに走って平行移動して撮影した。トナカイは動き始めると速いので、連写モードで撮った。その時、200mmまでの望遠レンズしか持っていなかったが、ギリギリ間に合った。背景に横たわるヴァトナ氷河が青くて美しかった。

P91　Canon EOS 5D Mark III　EF70-200mm F4（192mm）　f8　1/1250s　ISO640

㉓Fjallsárlón–Vík

フィヤルズアゥルロンからヴィークへ

> おすすめ度：★★★☆☆
> おすすめの季節：通年
> 滞在時間の目安：0.25h

フィヤルズアゥルロン（→ P88) からアイスランド最南端にある村、
ヴィーク（→ P104) を目指す。

このあたりでは海側に鳥居のような形の電柱が並んでいて、気候条件に
よってはとても雰囲気がある。5月にここを通った時に地面は苔に覆わ
れており、小さな花がところどころに咲いていた。この「とりい」ポジ
ションを過ぎると道路の反対側に氷河が舌のように山の上の方から流れ
込んでいる景観を見ることができる（→ P94)。

P93　PENTAX 645Z　FA45-85mm F4.5（85mm）　f22　1/25s　ISO400

P94　PENTAX 645Z　FA150-300mm F5.6（300mm）　f22　1/50s　ISO400

砂地でのタイヤスタック

その日は小雨が降っていて、ストックスネス（Stokksnes → P60）のヴァイキングカフェから本来見えるはずのヴェストラホルン（Vestrahorn）の姿は見えなかった。カフェではアメリカ人らしき女子大生が2人、退屈そうに足を投げ出している。しばらくすると海岸線の方に霧が立ち込めはじめた。私は意を決してカフェを出て、砂嘴を貫く道路を車で走り始めた。そして海岸線の砂模様に見とれた瞬間、ハンドルを無意識に右へ切ったのだろう、砂地にはまった。「どうしよう……レスキューを呼ぶと高いし、レンタカーの保険でカバーできるかな？」などと考え途方に暮れていると、1台の車がやってきた。道に飛び出し両手を振って助けを求めると、運転していたのはさっきの女の子たち。私のことを見て「You've got stuck?（はまっちゃったの？）」と涼しい顔で尋ねると、砂地から脱出すべく、後ろから車を押してくれた。あの時は本当に助かった。彼女たちのそばかすのあるかわいい顔は、霧の情景とともに忘れられない思い出になった。

㉔Svínafellsjökull

スヴィーナフェルズヨークトル氷河

おすすめ度：★★★★☆
おすすめの季節：11月～3月上旬
滞在時間の目安：1h

スヴィーナフェルズヨークトル氷河は「インターステラー」や「バットマンビギンズ」といったSF映画の撮影地として有名な場所だ。駐車場から砂や石の足場の悪い斜面を10分ほど歩くと目の前に広大な氷河が広がる。ここにも氷の洞窟があり、私はアイスランド人ガイドについて「バットマン・ケイブ」という氷窟に入ってみた。ヴァトナヨークトル（Vatnajökull → P74）のアイスケイブのように全てが氷で覆われているわけではないが、凍り付いた青い壁面には圧倒される。
国道1号線からのダート道はかなり険しく、タフな四駆でないと辿り着くのは難しそうだ。また、氷河の上を歩くのは熟練したガイドと一緒でないと危険なので、単独行動は避けて必ずツアーを申し込んだほうがよい（P135「現地発のツアーで回る」参照）。

P97　Canon EOS 5D Mark IV　EF16-35mm F2.8（24mm）　f16　20s　ISO200

㉕ Hörgsá

ホゥルグズアゥ

> おすすめ度：★★★★☆
> おすすめの季節：通年
> 滞在時間の目安：0.5h
> 周辺情報：🚗

ヨークルスアゥルロン（Jókulsárlón → P78）からレイキャビク方面へ向かって西向きに1号線を走っていると、右手にフォッスアゥラル川（Fossálar river）川の美しい流れが見えてくる。対岸には農家の物置だろうか、廃墟のような家が立っている。そこに薄日が差し、直前まで降っていた雨のおかげで山には霧が湧き、この時は幻想的な写真が撮れた。この写真の右側には小さな滝のようになっているところもあり、道路わきに車の駐車スペースも十分にあった。

P99　Canon EOS 5D Mark IV　EF24-70mm F2.8（24mm）　f16　1/4s　ISO200

山に寄り添う小さな村

Kálfafell（カウールファフェットル）付近を通りかかった時、南アイスランドの典型的な村に出会った。何があるといった特別な村ではないのだが、アイスランドらしさを感じて惹かれる風景だった。手前から流れてきた川は一部が凍り付いている。岩山のふもとの小さな村には教会もある。アイスランドではこのように岩山のすぐふもとに村のあるところが多い。強い風を避けるためなのだろうか。国道1号線沿いにはよく見られる風景だが、見かけるたびに心引かれて足を止めてしまう。

P101　Canon EOS 5D Mark III　EF24-70mm F2.8（35mm）　f16　1/125s　ISO400

Suðurland vestra

南西部地方

ミルダルスヨークトル氷河のある南西部地方
は、表情豊かな海岸線や滝など、見どころの多
いエリア。レイキャビクからのアクセスもよく、
日帰りで訪れることができる。

㉖ Vík（ヴィーク）·· P104

㉗ Reynisfjara（レイニスフィアラ）························· P106

㉘ Dyrhólaey（ディルホゥラエイ）·························· P108

㉙ Myrdalsjökull（ミルダルスヨークトル氷河）·········· P114

㉚ Skógafoss（スコガフォス滝）··························· P118

㉛ Seljalandsfoss（セリャラントスフォス滝）·············· P122

㉜ Ægissíðufoss（アイギシズフォス滝）··················· P126

㉝ Þingvellir National Park（シングヴェトリル国立公園）··· P130

周辺情報アイコンの見方

🚗…駐車場あり

🏨…ホテルあり

☕…カフェあり

🍽…レストランあり

🚻…トイレあり

⛽…ガソリンスタンドあり

🏪…売店あり

㉖ Vík
ヴィーク

> おすすめ度：★★★★☆
> おすすめの季節：通年
> 滞在時間の目安：1h
> 周辺情報：🚗 🏨 ☕ 🍴 ⛽

ヴィークは南アイスランドでの撮影の起点となる場所。また、夏期ならレイキャビクから車で2時間半くらいで着くので、レイキャビクから東に向かって各ポイントを撮り進み、ヴィークや周辺を宿泊地にするのも良いだろう。丘の上に教会のあるとても美しい小さな町。海沿いの駐車場に車を停めて5分ほど歩くとビーチに出られて、レイニスドランガル（Reynisdrangar）と呼ばれる美しい石柱群を望むことができる。2月末は黒い砂の海岸に雪が降り、そのコントラストが美しかった。6〜7月にはルピナスが咲く。丘の上の教会を、土手に咲く満開のルピナスとともに撮ってみたい。またヴィークの町から1時間半ほどハイキングすれば、写真右の岩の上から眼下にディルホゥラエイ（Dyrhólaey → P108）を望むことができる。

P105　PENTAX 645Z　FA80-160mm F4.5（84mm）　f22　5s　ISO200

㉗ Reynisfjara
レイニスフィアラ

> おすすめ度：★★★★★
> おすすめの季節：通年
> 滞在時間の目安：1.5h
> 周辺情報：🚗 ☕ ⛴

ヴィーク（Vík）から南に2kmほど行くと、黒い砂のビーチで有名なレイニスフィアラに出る。海中にはレイニスドランガル（Reynisdrangar）と呼ばれる高さ60mにもなる石柱群がそびえ立ち、独特な景観が見られる。海から日が昇る美しい夜明けの風景に出会える場所だ。しかし、予想できないような引きの強い波が時に来るので注意が必要だ。どこまでも追いかけてくる波に足をすくわれないように。

また、海にせせり出た岸壁は、六角形の玄武岩の石柱が垂直にそびえて不思議な幾何学模様を作っている。ここで6月から9月はパフィンの姿を見ることもできる。11月に行った時、駐車場へ戻る方向へ歩いて左方面に農道を歩いていくと凍った沼があり、農道のタイヤ跡までもが凍てついていた。

P107　Canon EOS 5D Mark III　EF70-200mm F4（115mm）　f10　1/125s　ISO2000

凍ったタイヤ跡

㉘ Dyrhólaey

ディルホゥラエイ

> おすすめ度：★★★★☆
> おすすめの季節：通年
> 滞在時間の目安：1h
> 周辺情報：🚗🍴

レイニスフィアラ（Reynisfjara → P106）から海に向かって右奥に見える空洞のある大きな岩石は「ディルホゥラエイ」と呼ばれ 215 号線－国道 1 号線－218 号線と回り込むようにドライブすると岩の入口にたどり着ける。夏にはパフィンの営巣地となる。5 月の間は巣作りをするパフィンを保護するため 19 時以降は翌朝 9 時まで通行止め。夏に訪れて、パフィンの母鳥がヒナたちに食べさせるためにクチバシいっぱいに小魚をくわえている姿を撮ってみたいものだ。その時は 400mm の望遠レンズが必要になるだろう。

岩の上からの景観は東向き。朝日の頃にヴィーク（Vík → P104）方面の石柱群と海を撮れば、前景に面白い巨岩が入り良いアクセントになる。またこの駐車場の手前の Y 字路を右に行くと灯台のある南西向きの岬に出る。そこでは南側の果てしない海や（→ P111）、西を向けば月面のような景観と夕日を撮ることができる（→ P110）。

[参考] 5 月の通行止め期間の情報はアイスランド環境庁から毎年発表される。
https://ust.is/einstaklingar/nattura/fridlyst-svaedi/sudurland/dyrholaey/

P109　Canon EOS 5D Mark IV　EF24-70mm F2.8（38mm）　f16　1/10s　ISO200

P110　Canon EOS 5D Mark IV　EF24-70mm F2.8（70mm）　f16　1/40s　ISO640

P111　Canon EOS 5D Mark IV　EF24-70mm F2.8（59mm）　f16　1/80s　ISO200

Guesthouse Vellir（ゲストハウス ヴェトリル）からの風景

Vík（ヴィーク→P104）周辺撮影の拠点にしたこのホテル。Vík からは車で15分くらいのところに位置しているが、周りには牧場が広がり小さな村が点在している。はっきりいって何にもないところだ。夜になり、ホテルの外に出てみるとうっすらとオーロラが出ている。オーロラ予測（→P71）を見ても「ほとんど期待できない」と出たが、夜9時ごろから1時間ごとに外へ出て空を見上げた。弱いながらもオーロラは時に踊り、私を楽しませてくれた。村の灯りが結構明るいのでピント合わせは楽だが、灯りが白飛びしないように露出に気を配った。

このゲストハウスは食事がとても美味しい。特に朝食にオーナーが焼いてくれるワッフルは軽くて絶品。とびっきり美味しいアイスランドのバターを付けて何枚でもおかわりしてしまう。あまり有名になってしまわないでほしい、私のお気に入りの宿泊先だ。

P113　Canon EOS 5D Mark IV　EF16-35mm F2.8（20mm）　f2.8　8s　ISO1600

㉙Myrdalsjökull

ミルダルスヨークトル氷河

> おすすめ度：★★★★☆
> おすすめの季節：11月〜3月上旬
> 滞在時間の目安：1h

カトラ火山（Katla）は2011年に噴火した後、今はミルダルスヨークトルに覆われている。その下にあるブラックアイスの洞窟は、火山灰を含んだ氷の壁面がテラテラと光って、まるでブラックダイヤモンドのよう（→ P116）。奥の竪穴に朝日が射しこむと壁面はゴールドに輝き、青味がかった壁面とのコントラストが美しい。

11月にここを訪れた時、洞窟の外で美しい夜明けを見た。凍った池に朝日が反射してキラキラと輝いた。ここも、国道1号線から月面のような凹凸のある地面を走らなければならないので、ガイドツアーで行く必要がある（P135「現地発のツアーで回る」参照）。

P115　Canon EOS 5D Mark IV　EF24-70mm F2.8（70mm）　f16　1/15s　ISO500

P116　Canon EOS 5D Mark IV　EF16-35mm F2.8（17mm）　f16　8s　ISO400

P117　Canon EOS 5D Mark IV　EF16-35mm F2.8（18mm）　f16　1/13s　ISO500

㉚Skógafoss

スコガフォス滝

| おすすめ度：★★★★☆ |
| おすすめの季節：通年 |
| 滞在時間の目安：1h |
| 周辺情報： |

アイスランドでは最も有名な滝の1つ。幅25m落差62mというスケールで、近くに寄ると飛沫がすごい。周辺では5月末から夏にかけてルピナスが咲き始め、1号線のヴィーク（Vík →P104）からレイキャビク方面の海側は一面が紫色のカーペットのようになる。この写真を撮った時はどしゃぶりの雨。雨霧にかすむスコガフォス滝を小さく背景に入れ、1号線のスコガフォス滝の入口付近から咲き始めのルピナスを撮った（→P120）。

スコガフォス滝からレイキャビク方面へ1号線沿いに5分程走ると右手に、巨岩（「ドラングリン」というらしい）にめりこんだ小屋、その横に「ターフハウス」と呼ばれる外側が芝で覆われた伝統的な建物がある（→P7）。今は物置として使われているらしい。まるで映画「ハリーポッター」に出てきそうなシーンだった。雨でずぶ濡れになった身体を温めるために、この近くのホテルで飲んだカフェマキアートはとびきり美味しかった。

P119　Canon EOS 5D Mark IV　EF24-70mm F2.8（47mm）　f16　0.8s　ISO200

P120　PENTAX 645Z　FA45-85mm F4.5（65mm）　f16　1/50s　ISO400

とっておきのおみやげとグルメ

おみやげ
①アイスランドニット
特産のウールを使った手編みニット、ロパペイサ(Lopapeysa。ロピーとも言う)は暖かく美しい手仕事製品。私はアイスランドのニッターにあらかじめ寸法を送り現地のホテルで受け取ったり、レイキャビクの中古ショップで買ったりしている。最近は中国製が出回っているので注意。レイキャビクで本物のロパペイサを買うには、手編み協会(Handknitting Association of Iceland)の公的なお店で買うと安心。値段は 20,000ISK ほど。免税手続きを忘れないようにしよう。

②お菓子
アイスランドはクッキーやチョコレートがとても美味しい。評判がいいのは、「LAVA(溶岩の意)」という名前の箱入りチョコレート。いろいろな種類があり、ケプラヴィーク空港の免税店で買うことができる。

アイスランドグルメ
①アイスランド・ラム(子羊の肉)
アイスランドの羊は夏の間自由に放牧されてミネラルを含んだ草やハーブを食べて育つので、臭みがなく味わいがある。特にローストラムは、そこはかとなくハーブの香りがしていくらでも食べられるほどおいしい。また、ガソリンスタンド併設のカフェなどあちこちで食べられる「ミートスープ」はラム肉を使った透明スープのシチューで野菜もたっぷり入っている。あっさりしていて身体も芯から温まる。パンもついて 1,200ISK ほど。

②ロブスター
海に囲まれた島国のため、シーフードが美味しいが、特に私のお気に入りはロブスター。アイスランドで言うロブスターは手長エビ(アカザエビ)のことで、シンプルにグリルしたもので十分に美味しい。

③スキール(Skyr)
アイスランドの乳製品で、フレッシュチーズとヨーグルトの中間のような濃度だ。高たんぱく低カロリーでカルシウム豊富と満点でアイスランドの朝食には欠かせない。日本で人気のギリシャヨーグルトと似ているが、より濃厚な感じだ。プレーンなものからフルーツ入りまでさまざまな種類がある。

㉛Seljalandsfoss

セリャラントスフォス滝

おすすめ度：★★★★☆
おすすめの季節：通年
滞在時間の目安：2h
周辺情報：🚌 🍴 ⛽ 🏨

レイキャビクからのバスツアーでも 2 時間半で行ける人気スポット。落差 60m ほどで、滝の裏側まで回り込んで撮影できる。ただ、冬期は裏に回り込む通路が凍っており、アイゼンがあると安心。天気の良い夏場は、滝の裏側から地平線まで蛇行する川の流れと国道側に沈む夕日を撮ることができる。ただし、とにかく飛沫がすごいので撮影時はカメラとレンズをタオルで覆ってシャッターを切る時だけさっと取る。防水ジャケットも欠かせない。なお駐車場は有料だ（700ISK）。

この滝に向かって左の方へと歩いていくと、グリューフラブイ（Gljúfrabúi）という渓谷に岩に隠れた滝がある（→ P124）。中は洞窟のようになっており、飛沫がすごいので長靴があると良い。

P123　Canon EOS 5D Mark IV　EF16-35mm F2.8（17mm）　f20　1s　ISO200

P124 左　Canon EOS 5D Mark IV　EF24-70mm F2.8（30mm）　f16　0.3s　ISO200

P124 右　Canon EOS 5D Mark IV　EF16-35mm F2.8（18mm）　f16　1/5s　ISO400

P125　Canon EOS 5D Mark IV　EF70-200mm F4（70mm）　f16　1/8s　ISO200

㉜ Ægissíðufoss

アイギシズフォス滝

おすすめ度：★★★☆☆
おすすめの季節：通年
滞在時間の目安：1h
周辺情報：🚗

ヘトラ（Hella）付近を流れるランガゥ川（Rangá river）にあるアイギシズフォス滝は、11月には既に氷に覆われており、瀑布から続く広い川には大小の氷が流れている。流れはとても速い。この時は水の勢いがすごかったため高台から滝に向かって写真を撮ろうとすると、滝から離れた場所でも風向きによってはレンズに細かい水飛沫が付き、すぐにフィルターが凍り付いた。そこで、崖を下れる場所を探して水面の高さまで降りて撮影した。天気は決して良くなかったが、夕暮れは空がうっすらピンクに染まった（→ P128）。

P!27　Canon EOS 5D Mark IV　EF70-200mm F4（100mm）　f18　1/5s　ISO200

P128　Canon EOS 5D Mark IV　EF24-70mm F2.8 24mm）　f16　1/30s　ISO2000

P129　Canon EOS 5D Mark IV　EF70-200mm F4（75mm）　f16　1/250s　ISO1600

㉝Þingvellir National Park

シングヴェトリル国立公園

おすすめ度：★★★☆☆
おすすめの季節：通年
滞在時間の目安：1h
周辺情報：🚗☕🍴

レイキャビクから車で40分ほどの場所にあるシングヴェトリル国立公園はとても人気のあるスポットだ。秋になると灌木がオレンジ色や黄色に色づき、岩間の草には実がなったりして季節感を感じることができる（→ P132）。また、苔の美しい水辺はどことなく日本庭園を思い起こさせる。その中にあるオクスアゥルフォス滝（Öxarárfoss）は駐車場から10分ほどで歩いて行ける滝（→ P131）。冬は氷結して朝日が当たると氷がゴールドに染まり、滝に向かって左を流れる川もピンク色になる。夏はレイキャビクからの日帰りコースなので観光客で混んでいるが、秋冬は空いている。私が訪問した時も他にだれもいなかった。ただ、冬は木道が凍結しているので注意が必要だ。様子を見て簡易アイゼンを付けたほうが安全だろう。

P131　Canon EOS 5D Mark IV　EF16-35mm F2.8（16mm）　f16　1/13s　ISO400

P132　Canon EOS 5D Mark IV　EF70-200mm F4（116mm）　f16　1/13s　ISO640

P133　Canon EOS 5D Mark IV　EF16-35mm F2.8（17mm）　f16　1/25s　ISO200

アイスランドへの行き方

日本からケプラヴィーク空港へ

日本からアイスランドへ、定期の直行便は運航していない。ヨーロッパの都市で乗り継ぐことになる。
乗り継ぎを考えるとコペンハーゲン経由かヘルシンキ経由（それぞれスカンジナビア航空かフィンランド航空）で行くのがおすすめ。日本（成田空港）を午前中に出発する便に乗れば、当日の夕方から夜に到着できる。

参考：おすすめフライトの例（＊ 2018年9月現在。運行ダイヤは年度や季節によっても変わるので、確認が必要）。

① スカンジナビア航空（毎日運航）

② フィンランド航空（週1～3回運航）

＊ロンドン経由でも行けるが、荷物をロンドンでいったん受け取らなければならないし、ヒースロー空港は巨大なので到着フロアから出発フロアへの移動も大変なのでおすすめできない。

＊日本からのフライトはアイスランド航空日本地区総代理店の（株）ヴァイキングが手配してくれる。また、アイスランド国内のホテルの手配も行っている。（株）ヴァイキング　www.vikingtravel.jp

空港からレイキャビク市内へ

ケプラヴィーク国際空港からレイキャビク市内まではフライバス（Flybus）というシャトルバスに乗って移動する。所要時間は50分ほど。深夜や早朝の発着にも対応し、ホテルや周辺のバス停まで送迎してくれる。

アイスランド国内での移動手段

アイスランドで撮影を楽しむためには、現地発着の撮影ツアーに参加するかレンタカーを借りて自分で回る方法がおすすめだ（レンタカーで回る際の注意点は P137 参照）。現地発の撮影ツアーはネットで調べると山のように出てきて価格もさまざまだ。

レンタカーで回る

レンタカーを自分で運転して自由に撮影地を回るのは、気楽だし楽しい。途中で面白いシーンを見つけた時に安全を確認して車を停めて撮影することもできる。

アイスランドには星の数ほどレンタカー会社があり、いったいどの会社で車を借りたらいいのか迷ってしまうほど。ひとつ注意したいのは、早め（できれば半年前くらい）に予約しないと日々値段が上がっていくということだ。

大手の Hertz, Avis などは信頼感があるが値段が高い。比較的手ごろでサービスレベルも高く、利用者からの評判もいいのが、Blue Car Rental、Lotus Car Rental、MyCar だ。私が利用したのは Thrifty Car Rental。お店も混んでおらず、てきぱきと手続きを進めてくれてストレスがなかった。

現地発のツアーで回る

現地ツアーを使う場合、日本から現地ツアーを申し込む場合、以下の方法がある。他にもたくさん候補があるので、参考のために挙げておく。

（株）ヴァイキング　www.vikingtravel.jp
アイスランド国内ツアーも扱っており、同社サイトでツアーを検索して申し込むことができる。

アークティックエクスポージャー社　arcticexposure.is
現地の写真撮影ツアーの会社。料金は高めだが、ツアー代金には空港からのシャトルバス代から全行程の宿泊費、食事代まで含まれている。ドライバーはアイスランド人写真家。会話は英語が必要になる。

Guide to Iceland（ガイド・トゥ・アイスランド）　guidetoiceland.is
現地の旅行代理店で、現地のツアー会社・レンタカー会社と提携している。ネットでサービスを検索、比較、予約できる。現地で集合時間ぐらいの英語を聞き取れるぐらいの英語力は必要。日本語でメールのやりとりができる。

アイスランドの通貨と物価について

アイスランド通貨はアイスランド・クローナ（ISK）で、2018 年 9 月現在 1ISK=1.0041 円。100ISK は 100 円なので計算がしやすい。クレジットカードの普及率は日本よりはるかに高く、少額でもほとんどのところで利用できる。Visa か Master 以外は通用しない場所があるので注意が必要だ。

そして、物価全体は総じて高い。特に外食が高い。レストランやカフェで食事を取ると、フィッシュアンドチップスでも 2000ISK くらいするので、昼食はガソリンスタンドに併設されたスーパーマーケットで

サンドイッチを買って食事、夕食はスーパーマーケットで食材を買ってキッチン付きのホテルやユースホステルでパスタなどを自炊するのがおすすめだ。

ちなみにアイスランドではアルコール類の販売は厳しく制限されており、スーパーマーケットではアルコール度数の低いビールしか売っていない。普通のビールや他のアルコール類は、公営ショップの「ビン・ブーディン（VÍNBÚÐIN）」でしか買うことができない。このお店は大きい町にしかないのでケプラヴィーク空港を出るときに買っておくのがいいだろう。

撮影計画のアドバイス

アイスランドという国は、意外に広い。というか、日本のような高速道路がないので移動に時間がかかる。そして夏期（6月〜8月）と冬期（11月〜3月）とでは道路状況が全く異なるので注意が必要だ。

なお5月と9月は盛夏に比べると気温は低いが観光地が混み合っておらず、ホテル料金が安くなる。5月から9月であれば日照時間が長いので1週間あればアイスランド一周の旅ができるが、一箇所でじっくり撮影したい場合は少し駆け足かもしれない。秋期（9月〜10月）は比較的雨の日が多いが、しっとりとした紅葉の秋のアイスランドも素敵だ。

一方、冬期はとにかく日照時間が短い。12月は昼間が4時間しかない日もあるくらいなので、明るい時間帯に移動することや吹雪になったりする場合も考えると、1週間で西部から南部（例えばキルキュフェットルからヨークルスアゥルロン、足を延ばしてストックスネス）までを回るのがお薦めだ。冬期は天候が不安定だが、オーロラや氷の洞窟へのツアーなど、この時期ならではの特別なシーンを撮ることができて楽しい。

また、現地で3〜4日しか日程が取れない場合は、アイスランド着のできるだけ早い便を使ってケプラヴィーク空港に到着し、空港でレンタカーを借りて Hella（ヘトラ）や Selfoss（セールフォス）までドライブして宿泊すれば、レイキャビクで宿泊するより安いし時間を有効に使える。そして Vik（ヴィーク）で1泊、ヨークルスアゥルロン近くで1泊してレイキャビクか近隣の町に戻るとよいだろう。

宿泊先の選び方

アイスランドでは夏期は予約が集中するので、この時期に行くのであればまずホテルを押さえたほうが良い。

私はレンタカーで回る時にはホテルかゲストハウスを利用している。ホテルも5つ星から星なしまである。ゲストハウスは家族経営のところが多く、郊外の農場や牧場の中にあったり、海沿いにあったりして現地ならではの雰囲気が味わえる。グループで旅行する時は、キッチン付きアパートメントを利用すれば、外食の高いアイスランドでは節約になるだろう。

便利なホテル予約サイト

（株）ヴァイキング　www.vikingtravel.jp
ブッキング・ドットコム　www.booking.com

セルフドライブの注意点

レンタカーなら撮影地を自由なスケジュールで訪問でき、とても便利だ。特に最近アイスランドで人気が出てきているのが、「キャンパーヴァン」といわれるベッドからアイスボックスまでそろった車中泊用の車を借りて旅をするスタイル。ただし、自分で運転する際には注意したい点もある。日本とは交通事情が異なるので、安全は最大限心がけたい。

1 道路状況

夏場のドライブは快適だ。都市部以外は道幅も広く、右側通行、左ハンドルにさえ慣れれば運転しやすい。しかし冬期は道路は凍結したり突然吹雪になったりするので、雪道の運転に十分慣れている人でも十分な日程を取って予定を組んでほしい。また冬の北部では強風や吹雪のため通行止めになる可能性もあるので、スケジュールは南部を中心に組んだほうが無難だ。しかし、南部でも通行止めになることがあるので、ウェブサイトで道路状況を確認することを忘れずに。

なお安全上の理由から、アイスランドではバイク、車を運転する時はヘッドライトを常時点灯する義務があるので必ずライトを点灯しよう。

道路状況と天気 www.road.is

エリアをクリック

2 ガソリンの補給

冬期に南部を回った時、安いレンタカーを借りたので燃費が非常に悪くて、その上ガソリンスタンドが数十キロも離れていてひやひやしたことがあった。そしてガソリン補給のためにスケジュール変更を余儀なくされたりした。基本的にガソリンスタンドを見かけたらその都度補給しておいたほうが無難だ。

3 橋の渡り方

アイスランド南部は氷河のとけた水が川となって北大西洋に流れ出している場所が多く、橋がたくさんあるが、そのほとんどが一車線しかない。先に進入した車が優先なので、対向車が来ているときは橋の手前のスペースで待つ必要がある。私は対向車が過ぎ去った時に慌てて渡り、車の横腹をこすってしまったことがある。あわてずに慎重に渡ろう。

4 保険への加入

保険には万が一のことを考えて必ず入ろう。ただし一部保険対象外の事項もあるので事前に確認したい。例えば、アイスランドでは強風でドアが思いっきり開いてぶつけた時の破損はカバーされないので注意が必要だ。

アイスランドの気候と服装

アイスランドは寒いのか

「アイスランドへ行ってくる」と言うと、人はみな「寒いんでしょう？」と心配してくれる。確かに「氷の国」というネーミングの国なのだから、さぞ寒いと思われても仕方ない。しかし実はノルウェー、フィンランド、カナダの北部と比べるとそこまで気温は低くない。北海道の冬は氷点下30度近くなることもあるが、アイスランドでは低くてもマイナス5度くらいだ。沿岸にメキシコ湾の暖流が流れ込んでいるため、比較的温暖なのだ。
ただ風が強いことが頻繁にある。その時の体感温度はマイナス10度以下に下がるので、服装には気を付けたい。

天気が悪くても「5分待って」！

一年を通じて天気が変わりやすいアイスランド。空模様があっという間に変化するため「天気が悪くても5分待とう」ということわざがあるほどだ。だからこそ美しい光に出会うことができる。
撮影地ではたとえ雨が降っていても、とりあえずしばらく待ってみよう。雨が止んで光が射してくることがあり、虹が出ることも。しかしこの逆も起こりうる。冬期には晴れていたかと思えば突然吹雪になることがあるので注意が必要だ。

アイスランド各地の天気予報　www.vedur.is
＊右上のイギリスの国旗をクリックすると英語表記になる

Weatherのタブをクリック

各地の気温と天気

風向きや風の強さもわかる

アイスランドの四季

アイスランドにも日本と同じように四季がある。ただし、春と秋はとても短い。日本の梅雨のようなシーズンはなく、4月〜9月の降水量は日本の半分以下でカラリとしている。6月〜8月は日照時間が長く、特に6月は白夜になり太陽は沈むが暗くはならない。冬は雪が降るが、降水量は2月〜3月は80ミリくらいでドカ雪が降ることはあまりない。一方9月半ばから10月にかけては比較的雨がよく降る。11月〜3月は冬シーズンに入り12月は日照時間がもっとも短い。11時過ぎに夜が明けて、16時には日が暮れていく。

用意すべき服装は？

春と秋……5月や9月はアイスランドの春、秋にあたるが、朝は気温が5度ぐらいに下がったり突然雨が降ることもあり、しっかりした防風、防水（できればゴアテックス）のジャケットが必要だ。
夏……6月〜8月は日差しがあればTシャツでいられる。ただ、朝夕は気温が10度以下に下がることがあるのでジャケットは必要。
冬……10月〜3月は最高気温も最低気温も5度〜マイナス5度前後となる。暖かい服装が必要だ。さらに風が吹くと体感温度がぐっと下がるので防寒・防風対策は万全に。

アイスランドには豪快な滝が多い。滝を撮影する場合、近くに寄ったり裏に入ったりすると飛沫でびしょ濡れになることも。ちなみに風が強いことも多いため傘は役に立たないと思った方がよい。ジャケットは防水、フード付きのものが必須。滝や海岸近くでの撮影には、折りたためる長靴があると便利。

私の冬の撮影時の服装は、上はマウンテンジャケットの下に薄いダウンジャケット、フリース、長そでシャツ、長そでの防寒肌着。下はしっかりしたオーバーパンツ、薄いダウンパンツ、トレッキングパンツ、くるぶしまでの防寒肌着。特に氷河の近くでの撮影は冷えるので、肌着の上にカイロも貼り付けている。寒さの感じ方には個人差があるので参考まで。

靴は冬用のトレッキングシューズで十分だが、足首が隠れる防水のハイキングブーツが必要。いかついスノーブーツは必要ないことが多い。ツアーによっては簡易アイゼンを貸してくれるが、私は使い慣れたものを持参している。

アイスランドでの撮影アイテム

マストアイテム

一眼レフカメラまたはミラーレスカメラとサブカメラ
それぞれ1台

予備バッテリー
最低2個。カメラにもよるが冬期は低温のためにバッテリーの減りが早い。また動物等を撮影する際、連写モードだと消耗が早くなる

広角レンズ
オーロラ撮影時には明るいレンズがおすすめ

標準ズームレンズ、望遠ズームレンズ
望遠ズームは動物撮影時に重宝

ソフトグラデーションのハーフNDフィルター(0.6、0.9)
夕焼けや朝焼けを撮る時、空と地面の露出差を少なくするために使用

フィルターホルダー
フィルター使用時、両手をできるだけ自由にするため

PLフィルター

マイクロファイバー(大小)または吸水性の高いタオル
水飛沫で濡れたレンズやカメラ本体を拭くときに使う

最低32GBのメモリーカード
私はトータル300GBくらいのメモリーカードを持参

ケーブルレリーズ
せっかくの旅先でブレ写真はNG。代わりに2秒タイマーを利用するのも手

三脚・雲台
オーロラ撮影の時は極端に上を向いたりするので自由雲台が便利

バッテリー充電器

ヨーロッパ仕様のコンセントアダプター
アイスランドのプラグはCタイプ。携帯電話用とバッテリー充電器用の2個あるとベスト

私のメインカメラはCanon EOS 5D Mark IV。レンズはEF16-35mm、EF24-70mm、EF24-105mm、EF70-200mm、EF100-400mmの中から目的に合わせて持って行く。航空機の重量制限を超えないよう、撮影機材はできるだけコンパクトに。

便利アイテム

簡易アイゼン
ツアーで用意してくれる場合もあるが、慣れているものの方が着脱が楽

ヒップウェーダーか長靴
海岸でも水濡れを気にせず積極的に撮影するため。ただし突然に予想しない波が来るので常に注意は必要

愛用しているアイゼンは4本爪のバックル式。速やかに装着できるよう「R」「L」と書き込んでいる。

ハンドタオル
アイスランドの砂は溶岩の黒砂で粒子が細かく、フィルターの縁や三脚の足のねじなどに入り込むことがある。そんな時は三脚のねじの部分を分解してねじ山に挟まった砂を拭きとる必要も。

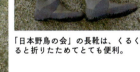

「日本野鳥の会」の長靴は、くるくると折りたためてとても便利。

ベルトを腰に付け、ヒップウェーダーのバンドをベルトに通してバックルで固定する。装着はいたって簡単。

あとがき

初めてアイスランドの地に降り立った時、まず感じたのがその自然の素晴らしさ、そして風景の非現実性だった。
この国が数々の映画の撮影地に選ばれている理由がよくわかる。
美しい光、空気、すべてが印象的で、一度訪れた人は必ず「また行きたい」と口にする。なぜだろう。私ももれなくその一人となり、再訪問せずにはいられないほど、アイスランドの虜になった。
人口33.8万人(2018年12月現在)、国土面積は北海道と四国を足したほどの小さな島国は、2018年のサッカーワールドカップに代表を送った。それだけでもすごいことだが、大健闘して世界中の人を驚かせた。あのスピリットはどこから来たのだろう。
その答えはただひとつ。この国に来ればきっとわかるはずだ。

南 佐和子

南 佐和子（みなみ・さわこ）

和歌山県生まれ、東京都在住。慶應義塾大学卒業後、英語通訳として会議、商談、展示会、アテンドなど幅広い分野で働く一方、友人の勧めで写真を撮り始める。写真家 米 美知子氏に師事。北海道東部を中心に撮影活動をする一方、2015 年よりアイスランドに魅せられ通い続けている。

カメラと旅するアイスランド
北欧絶景ガイド

2019 年 2 月 15 日発行

著者	南 佐和子
編集	高橋佐智子（風景写真出版）
ブックデザイン	三村 漢（niwa no niwa）
協力	アイスランド大使館　アイスランド航空　ICELANDAIR
発行者	石川 薫
発行所	株式会社風景写真出版
	東京都文京区本郷 5-28-1 サトービル
	TEL 03-3815-3605
	http://www.fukei-shashin.co.jp
印刷・製本	大日本印刷株式会社

©2019 Sawako Minami
Printed in Japan
ISBN978-4-903772-57-8 C0026

許可なき複製を禁ず
乱丁・落丁はお取り替えいたします